科学发现大公开

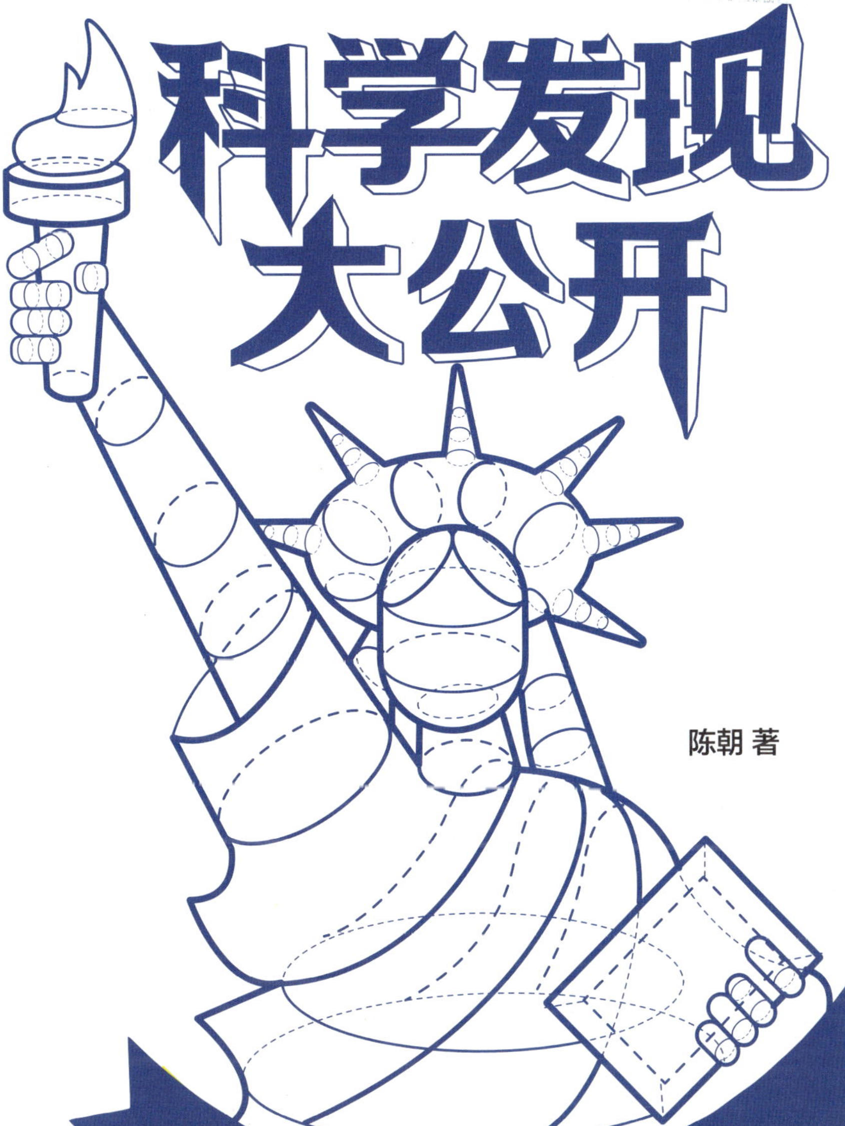

陈朝 著

如何给雕像治病？

童趣出版有限公司编　人民邮电出版社出版

图书在版编目（CIP）数据

科学发现大公开. 如何给雕像治病？ / 陈朝著；童趣出版有限公司编. -- 北京：人民邮电出版社，2023.3
ISBN 978-7-115-61093-5

Ⅰ. ①科… Ⅱ. ①陈… ②童… Ⅲ. ①科学知识－少儿读物②科学实验－少儿读物 Ⅳ. ①Z228.1② N33-49

中国国家版本馆CIP数据核字(2023)第015369号

著	：陈 朝
责任编辑	：赵欣宇
责任印制	：孙智星
封面设计	：韩 旭
排版制作	：杨 倩

编	：童趣出版有限公司
出　　版	：人民邮电出版社
地　　址	：北京市丰台区成寿寺路 11 号邮电出版大厦（100164）
网　　址	：www.childrenfun.com.cn

读者热线：010-81054177　　　经销电话：010-81054120

印　　刷	：北京利丰雅高长城印刷有限公司
开　　本	：710×1000　1/16
印　　张	：4.5
字　　数	：70 千字
版　　次	：2023 年 3 月第 1 版　2023 年 3 月第 1 次印刷
书　　号	：ISBN 978-7-115-61093-5
定　　价	：25.00 元

版权所有，侵权必究。如发现质量问题，请直接联系读者服务部：010-81054177。

序言

在我国的九年义务教育中，小学一年级就会开设科学课程，升入初中后还设有物理、化学和生物等课程。可以说，科学是每一位现代人的必修课。然而，究竟什么是科学，又该如何学习科学，却是两个非常大的问题，许多科学名家、教育大家都有自己的回答。在这篇序言中，我先回忆一下我的一段学习经历，提供一个感性的回答。

这段回忆来自我的大学实验心理学老师。当时我们做了一个课堂小实验，交一篇实验报告就算完成作业。没想到，我们小组的仪器有个小问题，这个问题有没有影响实验结果呢？为了弄清楚，老师带着我们重新分析了数据，还写了一段程序验证假设。虽然花了不少课堂以外的时间，但我感觉到，老师和我们都在思维中获得了乐趣。

从那以后，这种思维的乐趣始终陪伴着我，至今仍是我工作的动力之一。今天呈现在你眼前的这套"科学发现大公开"，也包含了我对这种乐趣的见解，希望能将这种乐趣传递给孩子。

"科学发现大公开"是一套面向小学生的科普图书，在21世纪之初，写作这样的书最大的困难是到底要讲些什么。如今，互联网上早已经积累了浩如烟海的资料，而且不限于文字和图片，在视频网站上搜索一个科学小实验，都能找到手把手的指导视频。面对如此丰富的信息，教师和科普工作者都不得不思考一个问题：究竟什么内容才值得选入书本之中？

"科学发现大公开"选取内容的第一个依据是教育部颁布的《义务教育科学课程标准》（以下简称《课标》）。《课标》不仅给出了小学科学课程的知识目标，还给出了科学探究目标、科学态度目标，以及科学、技术、社会与环境目标。《课标》的好处在于给小学阶段要学习的科学内容，提供了一套知识框架。我在内容选取上，既参考了各年级的课程目标，也加入了大量的补充信息，同时适当参考了美国的《新一代科学教育标准》等资料，致力于让孩子通过阅读这套书学会探究实践，培养核心素养中的科学观念和科学思维，并塑造严谨的科学态度、树立社会责任感。

这套书选取内容的第二个依据是故事性。书中大部分篇章都是有真实的人物、时间和地点的科学故事。一个精彩的故事不仅能激起孩子的阅读兴趣，相比简单的事实，人更容易记忆和理解符合叙事逻辑的故事，心理学研究为此提供了佐证。最重要的是，我希望孩子在阅读这套书时感受到，科学发现不能脱离历史背景，学习科学不仅需要记忆科学事实，更需要了解前人究竟在解决什么问题。

这套书选取内容的第三个依据是跨学科属性。除了自然科学，这套书还包含了自然灾害中的决策、发明后的专利申请等涉及人文与社会的内容。科学技术并非孤悬于社会之外，而是深深嵌入日常生活之中。我希望通过书中的一些故事，让孩子感受到与科学有关的问题无处不在，启发孩子在日常生活中多问问题。

基于这些标准和考虑，我选取了这套书的内容，尽可能以小学生易于理解的语言叙述。但归根结底，还是希望孩子在阅读这套书时，能够跟随书中人物与事件一起思考，获得一点儿科学的乐趣。

在写作这套书时，我得到了许多老师的建议和指导，少年得到和童趣出版有限公司的多位编辑、插画师对稿件进行了大量查证和修改，贡献了许多智慧，花费了许多精力，没有他们的努力，这套书就不可能呈现在大家面前。在此对他们表示衷心感谢！

陈朝
（北京师范大学神经科学硕士，科普作家）

目录

引言 ········· 1

01 画家发明了电报机？
········· 2

科学实验1　柠檬电池 ········ 8
科学实验2　被吸引的水流 ··· 9

02 汽车的速度超过了飞机？
········· 10

科学实验3　喷气小汽车 ········ 16
科学实验4　"跳水"的橘子 ··· 17

03 如何让钢铁浮在海上？
········· 18

科学实验5　漂浮的橡皮泥 ··· 24
科学实验6　漂浮的小瓶子 ··· 25

04 什么问题终结了航天飞机？
········· 26

科学实验7　自制火箭 ······ 32
科学实验8　空气的威力 ··· 33

05 摩天大楼的秘密 ······ 34

科学实验9 　大力筷子 ······ 40
科学实验10　硬币承重桥 ··· 41

06 大桥竟然被风刮倒了 ······ 42

科学实验11　筷子桥 ········ 48
科学实验12　调皮的纸条 ··· 49

07 美酒怎么变酸了？ ······ 50

科学实验13　鸡蛋壳去哪里了？··· 56
科学实验14　神奇的紫甘蓝 ······ 57

08 如何给雕像治病？ ······ 58

科学实验15　铁钉生锈了 ······ 64
科学实验16　柠檬汁的魔法 ··· 65

附录 ······ 66

引言

小朋友，你知道第一个想到用电来传递消息的人是谁吗？你知道钢铁巨轮为什么能浮在海上吗？你知道美味的葡萄酒变酸了该怎么解决吗？阅读本书，让我们一起去发现吧……

科学发现大公开 / 如何给雕像治病？

画家发明了电报机？

现在，我们只要拿起手机，随时随地都可以上网，这是因为手机可以通过无线电波连接互联网，接收和发送网络上的信息。利用无线电波来发送信息，这可是一项了不起的发明。你知道吗？当年第一个想到用电来传递信息的人，既不是科学家，也不是工程师，而是一位画家。这是怎么回事呢？接下来，我带你了解一下这位画家的经历吧！

莫尔斯电码

100多年前，有一位美国画家叫莫尔斯。他完成学业后又去了欧洲学习。学成之后，莫尔斯带着自己的画作登上了一艘大船，准备回到自己的家乡。

不过，他没想到，这次旅行给他带来了一个意料之外

的收获。在这艘船上,还有一个美国人,名叫杰克逊,是一位研究电的学者。为了打破旅途的沉闷,杰克逊向船上的旅客们展示了一种叫作"电磁块"的新器件。旅客们都对这种新器件十分好奇,有人问道:"如果电线特别长,电流传输的速度会不会变慢呢?"杰克逊回答说不会,有人做过实验了,哪怕电线有几百米长,只要一端通电,另一端立刻就会接收到电流信号。

这一番话启发了对科学知识非常感兴趣的莫尔斯,他想到,既然电在电线里传输得这么快,如果用来传递信息该有多方便呀!莫尔斯在船上一直在思考这个问题。到了美国后不久,他就决定先将绘画搁置一旁,转而投入大量精力发明一种可以用电来传递信息的工具。

有了目标之后,莫尔斯便开始潜心钻研,经历了无数次的挫折和失败后,他和同事终于成功发明了电报机。

这种电报机在收发电报时需要两台机器一起工作。工人们需要提前安装好一段很长的电线,电线两端分别是两台电报机。机器上有一个小小的按钮,是开关。人们发电报的时候,按下一台电报机的按钮,接通电路,另一台电报机就会响起来。

但是打开开关只是把电路接通了，怎么传递信息呢？原来，电报机只要一接通电路就会发出声音，而且可以通过改变电流的长短来发出不同的声音，所以莫尔斯就想是不是可以利用这个原理来传递信息呢？经过一番思考和试验，他最终发明了一套代表不同字母和数字的符号，也就是著名的莫尔斯电码。比如，按下一短一长两下按键，对面就会听到对应的嘀嗒声，这就表示字母A；按下一长三短四下按键就表示字母B。

工作人员只要学会莫尔斯电码，在使用电报机的时候，先把文字都变成莫尔斯电码，然后用电报机上的按键发送出去。另一边的电报员一听，就知道对方发过来的信息是什么了。有了电报机和莫尔斯电码，人们只需要花几分钟时间，就可以把信息送到遥远的城市。

莫尔斯开始在一些城市中推广自己的发明，很快，越来越多的城市都安装了电报线。记者用电报发送最新的新闻，商人用电报发送股票行情，亲人用电报互诉思念。最后，英国和美国之间也搭建起了电报线。人们动用军舰和潜艇，在海底铺上了电缆，经过几年的努力，终于把伦敦、华盛顿、纽约等城市连接了起来。在伦敦发一条电报，纽约的人立刻就可以收到，这种传递信息的方式方便又快捷。

在海底铺电报线可不容易，美国和英国之间的电报线用了9年时间才完全铺好。但是，随着一个新发明的出现，这条电报线逐渐就被淘汰了，这又是怎么回事呢？这就要说到一个更先进的发明了，那就是无线电。

发明无线电

当年，科学家已经知道了电不一定要通过电线传输，也可以通过空气传播，这就是无线电。有人想利用无线电，但是不管怎么试验，无线电传播的距离都非常短。有人就说，无

线电其实没什么用，因为它传播的距离只能达到几百米而已，这么短的距离，喊一声都比无线电方便。

可是，有一个叫马可尼的科学家却不信这种说法。他发现，无线电的传播距离短，一是因为天线不够长，二是因为接收的设备不够灵敏。于是，他制作了一套更完善的设备，克服了这两个缺点，让无线电波传播到了更远的地方。

无线电这么好用，马可尼决定把这项发明推广出去。他知道，要想扩大无线电的影响力，就得让别人看到它的优点。之前人们花了9年时间才在海底铺上电报线，发出了跨洋电报，马可尼想让人看到，无线电不用这么麻烦也能跨越大洋。他在英国安装了一台大功率发射台以及与之相匹配的天线，又赶往加拿大安装接收天线。他还试着把天线装到风筝上，借助风力把天线带到高空中。经过努力，他终于成功发出了跨越大洋的无线电报。这样一来，不需要铺设电报

线，只要有天线就能发电报了。

自此之后，人类的通信方式开始发生巨变，最终进入了无线电时代。从此以后，穿越大西洋，最快的东西不再是轮船和飞机，而是电。而且电的传输不一定非要依靠电线，利用无线电，相隔万里的人也可以很方便地发送和接收信息。

人类进入电信时代

今天，我们日常生活中使用的电器，大都是依靠电线传输的能量来运转的。不过，电不光可以用来传输能量，还可以用来传递信息。人们给用电传递信息的技术起了一个名字，叫"电信"。从电报开始，人类就进入了电信时代。后来，人们发明了电话，逐渐取代了电报，接着又发明了互联网。如今，许多人家里都可以使用无线网络，手机也可以利用4G、5G等通信技术上网，这些都是利用无线电来传递信息的技术。电信已经和电能一样，成了人类社会必不可少的技术。而这些科学成果都离不开科学家勤于思索和不断钻研的科学精神。

电流是如何帮人们破解密码的呢？扫描二维码听一听吧！

科学实验 ① 柠檬电池

生活中的很多设备都是用电池来提供动力的。你想不想自己动手制作一个能发电的电池呢?跟着下面的实验一起来操作一下吧!

实验准备:
一个柠檬、一卷锡箔、一块铜片、一根有线耳机、一把水果刀、一把剪刀

1. 剪下一块正方形的锡箔。

2. 将柠檬切成两半,然后从其中切下一片厚度约5毫米的柠檬片。

3. 将柠檬片放到锡箔上,然后再把一块铜片放到柠檬片的边缘。

4. 戴上耳机,让耳机插头同时接触铜片和锡箔。你听到了过电的咔嚓声吗?

实验原理:

电池的组成部分包括正负极和电流流动需要的电解质。在实验中,铜片中含有铜,铜是一种活泼的金属,构成了电池的正极;而锡箔中含有非活泼的金属,构成了电池的负极。柠檬的酸液就是电解质。耳机的插头接触到铜片和锡箔后,就相当于接通了电源,所以能听到过电的咔嚓声。

小贴士 用水果刀的时候要小心,请家长帮忙,千万不要切到手指哟!

开动脑筋想一想

电池都有哪些种类呢?

科学实验 ❷ 被吸引的水流

电还有哪些神奇的现象呢？跟着下面的实验来了解一下吧！

实验准备：
一只气球、一个矿泉水瓶、一根针

1. 用针在矿泉水瓶底部扎一个孔。

2. 把气球吹起来，然后在头发上快速地摩擦十几下。

3. 向矿泉水瓶中加满水，再把气球慢慢地靠近水柱。水柱的流向发生了什么变化？

实验原理：

把气球在头发上摩擦时，电荷发生了转移，气球就产生了静电。静电会吸引细小的物体，所以细小的水流会被气球吸引。

开动脑筋想一想

日常生活中，你还见过哪些静电现象？

科学发现大公开 / 如何给雕像治病？

汽车的速度超过了飞机？

人们研究科学技术，有时候是为了让生活更方便、更舒适，有时候是为了防止灾难，保障安全。不过，还有人绞尽脑汁地研究科学技术，是为了利用这些技术去体验冒险的乐趣。是什么技术会让人们体验到冒险的乐趣呢？接下来，我带你了解一下吧！

奇怪的比赛

你可能在电视上见过汽车比赛，赛车手会驾驶赛车在专用的赛道上疾驰，看起来紧张又刺激。100多年前，一群法国人也举行过一场汽车比赛。可这场比赛一点儿都不刺激，甚至有点儿无聊。原因很简单，这场比赛的"赛车"速度太慢了。

参加这场比赛的赛车手不是专业赛车手，只是一些普通人。他们驾驶的车也和今天的赛车不一样，从外形上看更像是马车的车厢。而且，这种车的速度也很慢。有人计算过，这种车一个小时也就能

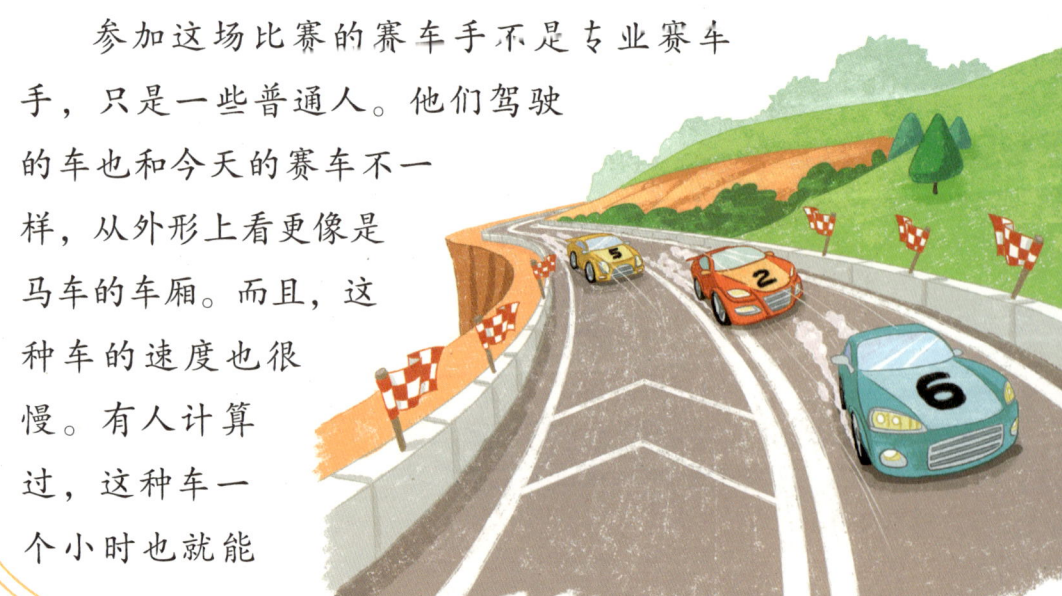

行驶不到20千米，和普通马车相比，速度也快不了多少。

这场慢悠悠的赛车比赛还有个名字，叫作"无马车辆比赛"。这个名字听起来是不是很奇怪？原来当时汽车刚刚出现不久，还是一种很罕见的交通工具，而马车则更加常见。所以人们习惯将汽车称为"无马车辆"。

不过，你可别小看这场慢车比赛，因为，这是历史上最早的汽车比赛之一。

1886年，世界上出现了第一辆四轮汽车。和普通马车比起来，这种汽车的速度并没有提升多少。不过，开汽车的好处有很多，比如不用养马、任何人都可以学，因此汽车受到了很多人的欢迎。

开车的人越来越多，很快人们就开始组织汽车比赛，还不停地改进汽车，让汽车的速度越来越快。今天的汽车在普通公路上，一个小时能行驶60~80千米，在高速公路上，汽车一个小时甚至可以行驶120千米左右。

科学发现大公开 / 如何给雕像治病？

一级方程式赛车

随着汽车的速度越来越快，人们发现，普通马路已经满足不了汽车比赛的需求了。所以，各地出现了很多专门的汽车比赛场地。这些场地大多在野外，比如沙漠或山上。比赛用的汽车也越来越专业，其中，有一种一级方程式赛车特别有名，它的英文名字是"Formula One"，也就是F1赛车。

F1比赛很特殊，要想参加比赛，光有赛车手一个人是不够的，还需要整整一支车队。车队里除了赛车手，还要有工程师、机械师等许多成员，甚至还有科学家，专门负责提升赛车的性能。当然，参加F1比赛还必须有一辆特殊的赛车。参加比赛的赛车和车队都要遵守一套特殊的规则，这套规则就叫"一级方程式"，也就是F1了。

如果你在电视上看过F1比赛，你会发现，赛车手开的车和我们平时见到的汽车长得完全不一样。

要开这样的车，驾校学的开车本领就基本用不上了。赛车手要经过特殊的训练，开车的时候他们几乎是躺在驾驶座里，握着特制的方向盘。更重要的是，这种赛车需要安装特制的赛车发动机以及各种高科技设备。比如说，因为F1赛车的速度实在太快了，转弯的时候，速度是普通汽车的两到三倍，普通的轮胎承受不了这样剧烈摩擦产生的热量，所以F1赛车的轮胎都是特制的，甚至有些比赛场地的跑道也是特制的，和普通公路不一样。

F1赛车注重的并不是车子的实用性，而是提升速度。

打造最快的车

F1赛车的速度已经这么快了，那它是不是最快的赛车呢？还真不是。F1比赛既要考验赛车的性能，还要考验赛车手的驾驶技巧，所以赛道很复杂。有人觉得，这种比赛虽然

刺激，但是并没有激发出赛车速度的极限。于是，他们组织了一种更快的极速赛车比赛，不比驾驶技巧，就比哪辆车能行驶得更快、能突破汽车速度的极限。

这种极速赛车比赛的行驶速度比F1赛车还要快好几倍，所以它也有很多特殊的地方。

比如说，要比试极限速度，一般的赛道就不能用了，因此极速赛车比赛的赛道修在沙漠里，四周没有人才最安全。而且，既然只比速度，就不需要转弯，只要有一条笔直的赛道，赛车手能一口气开到头就行。

在研究赛车的时候，人们发现，安装了汽车发动机的赛车再怎么改造速度也有极限，开出F1赛车的速度，基本就是极限了。可是参加极速赛车比赛的人对达到这样的速度还不满意，他们找来了从战斗机上拆下来的飞机发动机。这样的发动机比一般的汽车还大，有人甚至把两台发动机组装在一起，打造了一台世界上最快的车，叫"超声速推进号"。"超声速推进号"的外形已经不怎么像汽车了，倒是有点儿像没有翅膀的飞机。

"超声速推进号"的最

高速度可以达到每小时1200多千米，是F1赛车的3到4倍、普通汽车的十几倍，和最初的汽车相比，更是快了几十倍。

这个速度超过了声音在空气中的传播速度，连很多飞机都达不到。借助两台飞机发动机，"超声速推进号"成了速度最快的汽车，也是第一台突破声速的汽车。

不管是一级方程式赛车，还是"超声速推进号"，速度都太快了，不能在公路上开，一般人更是不可能驾驶它们。那研究它们有什么意义呢？虽然赛车无法应用到我们的日常生活中，但是赛车的很多技术有助于普通车辆的改良。如今的家用汽车速度更快、更加稳定、更节能环保，这些技术的改进都与赛车密不可分。

科学实验 ③ 喷气小汽车

我们知道汽车是利用发动机提供的动力前进的，那么如何在没有发动机的情况下，让汽车前进呢？跟着下面的实验一起来操作一下吧！

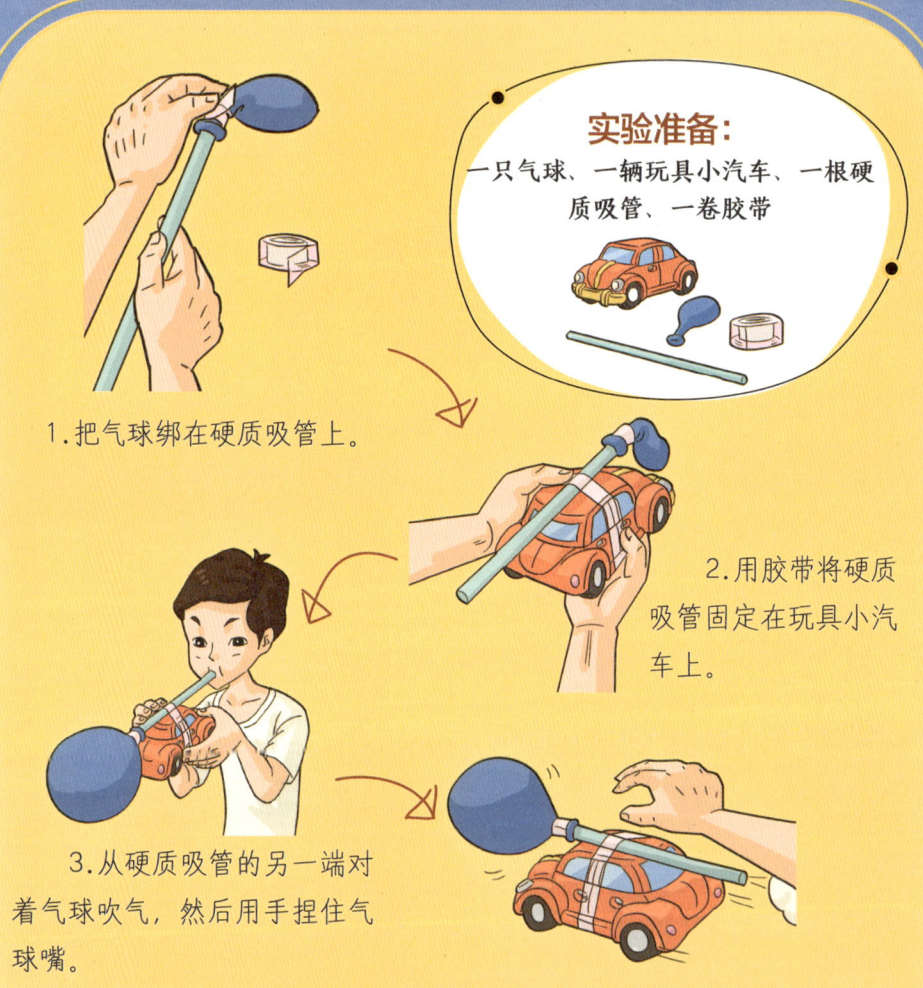

实验准备： 一只气球、一辆玩具小汽车、一根硬质吸管、一卷胶带

1. 把气球绑在硬质吸管上。
2. 用胶带将硬质吸管固定在玩具小汽车上。
3. 从硬质吸管的另一端对着气球吹气，然后用手捏住气球嘴。
4. 松开气球嘴，观察玩具小汽车的运动。

开动脑筋想一想
还有什么办法让汽车前进呢？

实验原理：
放开气球嘴后，气球中被压缩的气体向后喷出，产生反作用力，让气球带着玩具小汽车向前跑。很多交通工具，比如喷气式飞机和火箭都是运用了这个原理。

科学实验 ④ "跳水"的橘子

你在生活中一定有过这样的经历：坐在车中，突然刹车时，你的身体会不由自主地前倾。这是为什么呢？下面让我们做个实验来探究一下吧！

实验准备：
一个橘子、一个马克杯、一张硬纸板

1. 把一张硬纸板放到马克杯上。

2. 把橘子放到硬纸板杯口上方的位置。

3. 快速抽取硬纸板，观察橘子的运动情况。

实验原理：
物体都有惯性，也就是物体保持原有运动状态的性质。因为橘子下面的硬纸板突然加速，橘子还保持原来的静止状态，所以直接掉落到了下方的马克杯里。

小贴士 注意一定要以最快的速度抽走硬纸板。

开动脑筋想一想

汽车突然启动时，坐在车里的人会怎样呢？

科学发现大公开 / 如何给雕像治病？

03

如何让钢铁浮在海上？

小朋友，你有没有在电影里见过船身两侧都装有火炮的木帆船？这种木帆船的战斗力很强。不过，有一种战舰，可比这种木帆船厉害多了，在这种战舰面前，装有火炮的木帆船简直不堪一击。到底是什么战舰这么厉害？接下来，我带你了解一下这种战舰吧！

铁甲怪船

100多年前，美国爆发了一场内战，叫作"南北战争"。在战争中发生了一场小小的战斗。这场战斗发生在大海上，持续了两天，参加战斗的，只有几艘军舰。可是，这场战斗却震惊了世界。有人说，这是一场改变海军历史的战斗。

这场战斗发生在美国南方的一个港口——汉普顿罗兹。这个地方没有人口密集的城市，但是北方的海军派出了好几艘军舰来这里巡逻。这是为什么呢？原来，这里正好是几条大河的入海口，南方的商船运送货物时都要从这里经过。

北方海军派出了好几艘巨大的木帆船,船两边安装了火炮。但凡南方商船从这里经过,就会被炮轰。这几艘木帆船把南方商船出海的大门给堵住了,这种战术,叫作"封锁"。

要知道打仗可不光是真刀真枪的硬碰硬,经济和交通也很重要。北军封锁了南方商船,南军就没法儿运送交易的商品,赚不到打仗需要的金钱。南军心急如焚,可是他们的战船太少了,打不过北军。这可怎么办呢?他们苦苦思索,最终想到了一个解决办法——使用秘密武器。这一天,南军派出一艘奇怪的船靠近了北军战舰,这艘船看上去和北军的木头战舰完全不一样。它像一个漂浮在大海上的铁壳子,既没有桅杆,也没有帆。

如果不仔细看,你可能会以为这是一艘船翻了,船底朝上。更奇怪的是,这个铁壳子上还顶着一个大烟囱,烟囱向外喷出滚滚黑烟。这艘铁甲怪船就这样在海上高速航行着。

科学发现大公开 / 如何给雕像治病？

　　北军看到这艘铁甲怪船，立刻明白它是来挑战的，于是瞄准怪船使劲开炮。可奇怪的是，炮弹打在怪船的铁壳子上，大部分都被弹开了，还有一些虽然在船表面成功爆炸，但也只破坏了怪船的一小部分表皮。

　　很快，这艘铁甲怪船就冲过重重炮火，逼近了北军的军舰，它把大炮对准了北军的木头军舰一阵猛攻，北军立刻就被打得无力反抗。一场战斗下来，北军的两艘主力军舰都被打沉了，剩下最后一艘军舰赶紧逃跑了。

　　这艘怪船到底是什么船，怎么这么厉害？

　　原来，这是当时的最新战舰，叫作"铁甲舰"。和过去的战舰相比，铁甲舰有两点不同：第一点不同就是它的铁制外壳。过去的战舰主要是用木头制作的，再用金属加固，为了参加海战，顶多在木头外包裹一层铁皮。铁甲舰可就不一样了，它的全身都是用钢铁打造的，一般的大炮对它不起作用。

　　第二点不同就是它的动力系统。过去的战舰是帆船，要靠风力才能航行。后来，人们发明了蒸汽机，也给一些战舰装上了蒸汽机。但是，这些蒸汽机只是战舰上的配角，不是战舰的主要动力系统，战舰主要还是靠风力来推动，船上必须保留桅杆和风帆。铁甲舰就不一样了，它们不需要借助风力，靠内部的蒸汽机就可以开动起来。

　　有了结实的铁甲，再加上强大的蒸汽机，难怪老式的木头战舰打不过铁甲舰。南方海军凭借铁甲舰取得了这场战斗

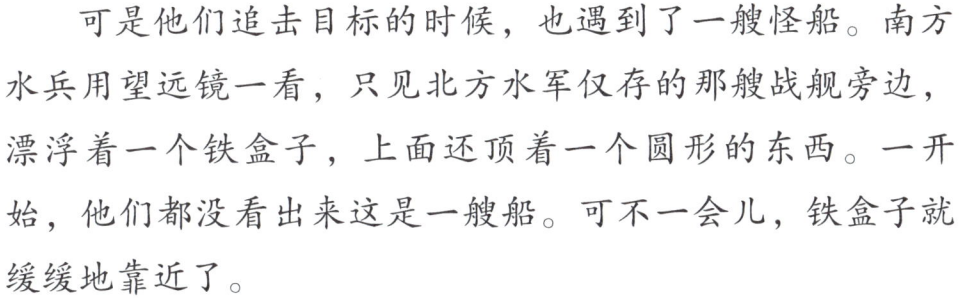

的胜利，但他们并没有满足，打算乘胜追击，把之前逃跑的那艘北军战舰一起打沉。

可是他们追击目标的时候，也遇到了一艘怪船。南方水兵用望远镜一看，只见北方水军仅存的那艘战舰旁边，漂浮着一个铁盒子，上面还顶着一个圆形的东西。一开始，他们都没看出来这是一艘船。可不一会儿，铁盒子就缓缓地靠近了。

等这艘船一靠近，南军也明白了，这是北军的秘密武器，也是一艘铁甲舰。两艘铁甲舰立刻投入战斗，战斗持续了整整一天，双方势均力敌，难分高下。

蒸汽机工作原理

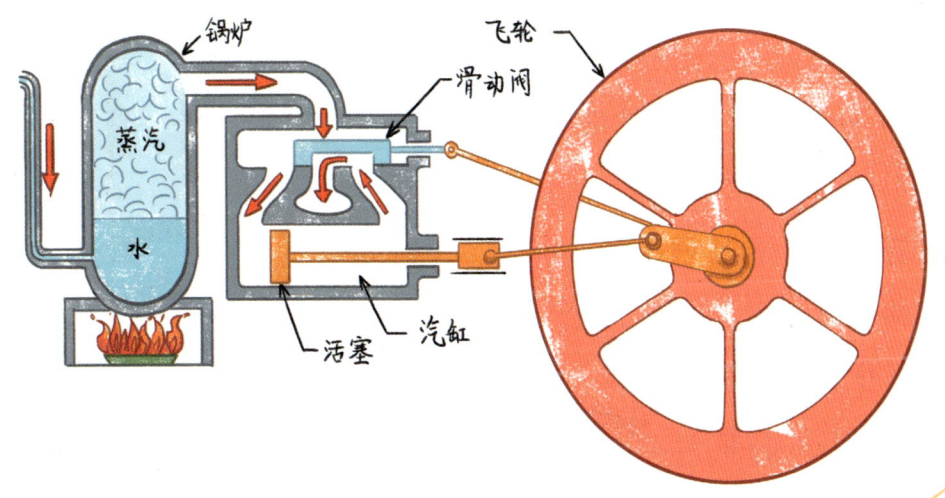

科学发现大公开 / 如何给雕像治病？

这场战斗只是南北战争中规模很小的一次战斗，双方也没真的分出胜负。但是它吸引了全世界的目光。因为，这是铁甲舰这种新式武器的第一次亮相，而这一亮相，就把木头打造的老式战舰打得落花流水。各国的军事家立刻意识到，未来的海战一定是铁甲舰的天下了。很多国家还有建造了一半的木头战舰，干脆停了下来，全部改成生产铁甲舰。

了解了铁甲舰的威力，你可能会有个疑问：如果我们把一块铁放到水里，它一定会沉下去，那么铁甲舰是怎么漂浮在水面上的呢？

浮力

金属能不能漂浮在水面上？其实，早在古希腊时期就有人思考过这个问题了，这个人就是大名鼎鼎的阿基米德。阿基米德发现，各种物体放进水里，都会受到浮力。船就是因为受到了浮力才漂起来的。阿基米德还发现，虽然物体受到的浮力有大有小，但浮力大小和物体用什么材料没关系，只和物体吃水多少有关。吃水的意思就是物体进入水里，排开了多少水。铁甲舰本身虽然非常沉重，但是它中间是空心的，吃水深，排开的水多，受到的浮力就大，大到与铁甲舰所受重力平衡，因此铁甲舰可以轻松地漂浮在水面上。

当年，阿基米德把他的发现写成了一本书，叫《论浮体》，讲的就是浮力的科学。他还总结出了物体漂浮的原理，根据这个原理，人们可以计算出浮力的大小，知道一个物体能不能在水中浮起来。人们把这个原理叫作"阿基米德原理"。

运用好阿基米德原理，人们可以用钢铁打造各种大船，甚至造出万吨巨轮。这些巨轮装满货物以后，虽然很重，但吃水也很深，受到的浮力与它们所受重力平衡，让它们能够漂浮在水面上。

今天，在河流中、大海上有许多钢铁打造的大船。建造这些大船之前，工程师只要计算好大船的重量，设计好其外形，利用阿基米德原理，就可以计算出大船的吃水，知道大船能不能浮起来了。

科学实验 ⑤ 漂浮的橡皮泥

我们知道钢铁制成的船能漂浮在水面上,是因为它受到的浮力与受到的重力平衡,那么浮力的大小和什么因素有关呢?下面我们一起来做个实验探究一下吧!

实验准备:
一块橡皮泥、一个大碗、一壶水、几粒瓜子

1.在大碗里装满水,把橡皮泥搓成团放在水里,发现橡皮泥沉下去了。

2.把橡皮泥捏成中间是空心的形状。

3.再把中空的橡皮泥放在水里,发现橡皮泥居然没有沉下去。

4.在中空的橡皮泥里加入几粒瓜子,发现橡皮泥还是没有沉下去,是不是很神奇?

实验原理:
物体在水中所受的浮力和它排开的水量有关,物体排开的水量越多,所受浮力越大。整块实心橡皮泥的体积小,排开的水量少,所以下沉;当我们把橡皮泥做成中空的形状,排开的水量就增多了,所以能浮在水面上。

开动脑筋想一想

救生圈的原理是什么?

科学实验 ❻ 漂浮的小瓶子

浮力是不是很有趣？下面我们再来做个简单的实验，看看浮力的神奇之处吧！

实验准备：
一个矿泉水瓶、一个口服液的小瓶子、一根马克笔、一壶水

1. 在矿泉水瓶中装入大半瓶水。

2. 向小瓶子中倒入一定量的水，用马克笔标记一下水面的位置。

3. 将小瓶子迅速倒扣放入矿泉水瓶中，确保小瓶子浮在水中。

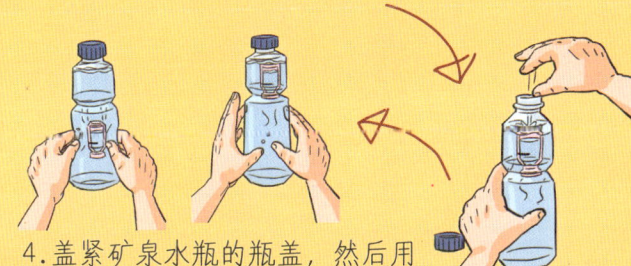

4. 盖紧矿泉水瓶的瓶盖，然后用力挤压瓶身，发现小瓶子沉下去了；松开瓶身，发现小瓶子又浮上去了。

实验原理：

物体在水中受到重力和浮力的作用，当浮力大于重力，物体会上浮，反之下沉。挤压瓶身时，小瓶子所受压力增大，里面的空气受压收缩，更多的水会进入小瓶子，导致小瓶子受到的重力大于浮力，所以会下沉，反之则会上升。

小贴士 此实验中小瓶子中的水量需要多做几次实验进行调整。如果捏紧瓶身，发现小瓶子不下去，就说明装的水少了；如果下去之后浮不上来，就说明装的水多了。

开动脑筋想一想

浮力还有哪些应用？

科学发现大公开 / 如何给雕像治病？

04

什么问题终结了航天飞机？

今天，世界上许多国家之间正进行着一场比赛。比赛的赛场不是体育馆，而是太空。各国科学家努力研究火箭、卫星、飞船，还有各种高科技，比拼探索太空的本领。为什么要比这些呢？这是因为，太空探索展现的是一个国家的综合实力，而且，这场比赛还能让人们研究出更先进的科技，促进科学进步，改善人们的生活。

在探索太空的过程中，既有成功的经验也有失败的教训。接下来我就带你来了解一次失败的太空探索，以及人们能从中学到什么。

"哥伦比亚号"航天飞机解体

2003年1月16日，在美国的肯尼迪航天中心，一架航天飞机点火发射，飞向太空。这架航天飞机叫"哥伦比亚号"，上面搭载了7名宇航员。他们这次去太空，带着很多科学探索任务。到了太空之后，宇航员们利用太空的特殊环境，完成了许多科学实验。

飞行任务共持续了15天。到了最后一天，实验做完了，宇航员们要驾驶航天飞机返回地球上的基地，也就是肯尼迪航天中心。航天飞机从太空里返航，要想安全着陆，比一般的飞机复杂得多，也困难得多。地面上的工作人员为此做了充分的准备，希望能和宇航员们一起配合，确保航天飞机安全着陆。

降落的时间终于到了。宇航员们和地球上的团队一起检查了航天飞机的系统，还查看了天气。确认可以降落以后，宇航员们启动了航天飞机，开始向地球飞去。很快，航天飞机进入了大气层。

这个时候，航天飞机的速度有多快呢？

我们平时乘坐的普通飞机，飞行速度一般不会超过声速，也就是声音在空气中传播的速度，只有一些战斗机是超声速飞机。可是航天飞机不一样，突破声速实在算不了什么。降落的时候它的速度足足有声速的20多倍。

此外，航天飞机进入大气层后，在高速飞行中，机身会与空气剧烈摩擦，此时，航天飞机表面的温度也非常高。在航天飞机上有专门的温度计，可以测量飞机机翼的表面温度。看到这个温度，你绝对会大吃一惊，飞机机翼的表面温度可以达到1500多摄氏度，都能把铁熔化成铁水了。

如果是普通飞机，达到这样的速度和表面温度，立刻就会坠毁，可是航天飞机设计特殊。它的外壳不光坚固，还能隔热。按理说，它们在降落的时候，能禁得住高速和高温的考验。

但是这一次，"哥伦比亚号"却没那么幸运。一开始，大家还觉得这一次的降落任务很顺利，可是过了一段时间，在地面上的人们突然看到"哥伦比亚号"发出了一道道闪光。宇航员也发出报告："哥伦比亚号"出现了故障！还没等大家弄明白问题出在哪儿，"哥伦比亚号"就和基地失去了联系。

在地面上用天文望远镜观测"哥伦比亚号"降落的天文爱好者们也听到天空中传来了巨响，许多灰尘和碎片开始掉落。"哥伦比亚号"航天飞机失事了。

事故的原因

出了这么严重的事故，人们必须查清楚事故的原因。工作人员立刻开始收集"哥伦比亚号"的碎片，想要找到记录飞行数据的黑匣子。

经过许多科学家和工程师的努力，事故原因终于调查清楚了，问题就出在"哥伦比亚号"机翼上的小伤痕上。好端端的航天飞机怎么会出现伤痕呢？原来"哥伦比亚号"在起飞的时候，有一块外壳碎片落下来，正巧掉在飞机的机翼上，把飞机表面砸出了一个伤痕。

其实，"哥伦比亚号"的工作人员当时已经发现了伤痕，可他们没有把这个小问题放在心上。因为之前的任务中也出现过类似的问题，但并没有造成危险。人们想当然地认为，这一次的小伤痕也不会带来危险。

可是，太空飞行容不得一点儿马

虎。返航的时候，机翼上的小伤痕变成了致命伤。航天飞机进入大气层的时候，会挤压前方的空气，空气的剧烈摩擦，会让飞机表面的温度非常高。要应对这样的高温，航天飞机必须安装特殊的隔热层。

可是，"哥伦比亚号"的机翼上却有一处伤痕，完整的隔热层出现了缺口。在返航的时候，高温就把机翼烧坏了。一边的机翼损坏后，"哥伦比亚号"没法儿保持平衡，开始在天上翻滚，最后整个机身变成了碎片。

航天飞机停飞

这场事故之后，人们暂时停飞了航天飞机。又过了几年，美国国家航空航天局决定，以后不再用航天飞机执行任务了，也不会再制造新的航天飞机了。这是为什么呢？

原来，最初设计航天飞机的时候，是希望它们能像普通飞机一样，经常起飞降落。这样做的最大好处就是节约成本。过去人们用宇宙飞船探索太空，飞船执行完任务后回到地球就损坏了。每一次太空探索都会耗费一大笔成本。

人们设想，航天飞机和宇宙飞船不一样，可以反复执行任务，降落以后，还可以再一次起飞。这样一来，探索太空的成本就低多了。可是，实际情况却没那么简单。要保证飞行安全，人们就要经常维修航天飞机，花费特别大，跟最初的设想一点儿都不一样。最终，人们决定不再使用它了。

不过，人们探索太空的脚步并没有因此停下来。今天，科学家还在不断研究新式的火箭和飞船。科学家希望能找到一种既安全又便宜的办法,帮助人们更好地探索太空。比如,有一种火箭发射之后还能自己降落,可以反复发射,节约成本。

探索太空不仅是国家与国家之间的比赛,更是全人类的一场探险。在探索太空的同时,人们也会考虑成本和安全:计算自己的投入,更会珍惜宇航员的生命。相信有朝一日,科学家一定能研究出一种更加安全、更能节约成本的太空探索工具。

科学实验 ❼ 自制火箭

你知道火箭升空的原理是什么吗？跟着下面的小实验一起来了解一下吧！

实验准备：
一张硬纸板、一把剪刀、一卷胶带、一只气球、一根胶棒

1. 从硬纸板上剪下一个半圆，把它卷成一个圆锥体，用胶带粘好。

2. 在硬纸板上再剪出三个直角三角形，然后在三角形的两条直角边上折出副翼，再把三角形对折成两半。

3. 把三个三角形粘到圆锥体的外侧。

4. 把气球吹开，然后把它放到圆锥体内部，这样一个简易的"火箭"就做好了。把气球嘴放开，你观察到了什么现象？

开动脑筋想一想

火箭为什么要携带大量燃料？

实验原理：

火箭之所以能脱离地球的束缚向上飞，是因为发动机向下喷射了热气流，产生的强大推力会推动火箭向上发射。实验制作的模型中，气球就相当于"火箭"的发动机，向外释放气体时会推动"火箭"向上发射。

科学实验 ❽ 空气的威力

我们知道,"哥伦比亚号"的失事和空气有很大关系。空气虽然看不见、摸不着,但是确实有很大的威力。下面我们就来做个实验感受一下空气的威力吧!

实验准备:
一个矿泉水瓶、一杯60摄氏度左右的热水

1. 将热水倒入矿泉水瓶中。

2. 小心触摸瓶身,确认瓶身变热了。

3. 倒出热水,并迅速盖上瓶盖,一定要确认瓶盖盖紧了,过一会儿你会发现瓶身向里凹陷了。

实验原理:

向矿泉水瓶中倒入热水后,矿泉水瓶的瓶身和瓶内的空气会升高到和热水一样的温度。突然将热水倒出去以后盖上瓶盖,矿泉水瓶内的空气温度依旧比较高,但由于矿泉水瓶的瓶身和外部接触损失热量,矿泉水瓶的瓶身温度会降下来,里面的空气温度也跟着降下来,压强变小,矿泉水瓶外的空气比瓶内的空气压强大,就把瓶身压扁了。

开动脑筋想一想

倒入冷水后,瓶身还会恢复吗?

 小朋友做实验时,注意不要被热水烫到哟!

科学发现大公开 / 如何给雕像治病？

05

摩天大楼的秘密

在现代城市里，摩天大楼随处可见。这些大楼有的有几十层高，有的有上百层高，目前已知的最高的大楼甚至已经有160多层、800多米高了。建造摩天大楼就像一场比赛，建筑师们不断挑战建造更高的大楼，力争打破纪录。你知道吗？历史上第一座摩天大楼其实是在一片大火烧过的废墟上建起来的，而且它只有10层、40多米高。这是怎么回事呢？接下来，我就带你了解一下第一座摩天大楼是如何拔地而起的吧！

芝加哥大火

100多年前，在美国的芝加哥发生了一场大火。这场大火一共烧了两天多，有人统计，芝加哥城里有三分之一的房屋都被烧毁了。

这场火灾为什么这么严重呢？原来，那个时候芝加哥的房子主要是用木头建造的。而且，为了防雨，房子顶棚要刷上防水的焦油。焦油这种材料很容易被点燃，当时又恰好赶上干燥的天气，一幢房子上燃烧的火星被干燥的风一吹，立刻就把旁边的房子也点燃了。烧到第三天，天空开始下雨，这场大火才逐渐熄灭。

这场大火让芝加哥市民遭受了严重的损失。吸取了这次火灾的教训，很多人都希望，在烧毁的地方重新规划，打

造一个更安全、更舒适的城市。芝加哥的建筑师都在摩拳擦掌,要为重建城市出一份力。

摩天大楼

在这些建筑师里,有一个人特别重要,他叫威廉·詹尼。他在脑海里构想了一种全新的建筑,和那些被烧毁的木头房子完全不一样。他打算利用钢铁来建造大楼。

经过精心设计,詹尼建造了一座10层高的大楼。这座大楼先用钢铁打造了一个骨架,再在骨架上搭建墙、地板和门窗。当年,两三层高的建筑都很少见,这是人们第一次见到

科学发现大公开 / 如何给雕像治病？

10层高的大楼。有的媒体在进行报道时，给这座大楼起了一个响亮的名字：摩天大楼。意思就是这座大楼太高了，能够接触到天空。

这座大楼看起来非常气派，但是，不能光因为一座楼气派就说它好。大约2000年前，古罗马有一位建筑大师提出了一个观点：考察一座建筑好不好，有3个标准——坚固、实用和美观。一座大楼只有满足这3个标准，才算得上好。现在，我们就用这3个标准来衡量一下詹尼设计建造的这座大楼。

第一，这座大楼是不是坚固呢？当然没问题，它使用的是坚固的钢铁框架。

过去人们盖房子，用的材料主要是木头、砖瓦和石头。工人会用木头搭建框架，再用砖瓦和石头搭起墙和屋顶。这种建筑用了很多木头，很怕着火，芝加哥的火灾就是例子。而且木头框架的房子还不能盖太高，因为木头不够结实，房子如果太高，它就会被自己的重量压垮。

詹尼设计的这座大楼用的是钢铁框架,这可比木头框架坚固得多,钢铁能够承受更大的重量,所以能造出这座10层高的大楼。而且,这种结构一开始就考虑了防火问题,即便房子着火,只要及时扑灭,就不会把整座建筑烧毁。

第二,坚固是没问题了,那这座大楼是否实用呢?人们发现,在实用性方面,这座大楼也比之前的建筑更胜一筹。过去的建筑必须有坚固厚实的墙壁和柱子才能支撑起来,连窗户都不能开太大,要不然墙壁就不够结实了。这座大楼靠钢铁框架支撑,不用考虑这些问题,所以它内部的空间更宽敞,人们在里面生活和工作也更舒服;大楼的墙上可以安装很大的玻璃窗,白天房间里更明亮。

此外,这座大楼还用上了当时的最新科技,那就是电。过去,房子只有两三

层,爬上爬下也不累。这座大楼有10层,所以詹尼给它设计了电梯,利用电梯让人们轻松上下楼。有了这些设计,詹尼设计的这座大楼在实用性上也过关了。

第三,我们要看看它是不是美观。

以今天的眼光看,10层大楼并不算太高。不过,当年詹尼设计的这座大楼比例匀称、模样庄严,不仅有精美的大落地窗,外墙还做了装饰。可以说,是一座非常美观的建筑。

这座大楼同时具备了坚固、实用和美观这3个特点,一下子就成了芝加哥的明星建筑。很快,其他建筑师也开始采用詹尼的设计思路来建造大楼。世界各地都相继出现了摩天大楼。

摩天大楼竞赛

很快,詹尼设计建造的大楼就不是最高的建筑了,光是在芝加哥,人们就建造了许多更高的大楼。建筑师们意识到,用新材料、新技术,可以建造出过去想也不敢想的大楼,世界各地的建筑师们开始了一场建造摩天大楼的比赛。

后来,经过几十年的发展,人们又发明了更先进的钢铁框架,它比最初詹尼设计的框架更坚固和耐用。这个时候，十几层的大楼实在不算什么了，建筑师们都在挑战建造几十层的高楼。詹尼建造了第一座摩天大楼后，过了不到100年，人们就在芝加哥建造了韦莱集团大厦。这座大厦足足有440多米高，几乎是詹尼建造的摩天大楼的高度的10倍。

建造摩天大楼的比赛还在继续，韦莱集团大厦第一名的纪录没有保持太久。截至目前，世界上最高的建筑是阿联酋的哈利法塔，高828米，有162层。中国虽然很晚才加入这场比赛，但现在全世界最高的10座大楼中，有好几座都在中国。

建造摩天大楼的竞赛还在继续，全世界的建筑师们都在为此不断努力。但其实，大楼是给人工作和生活用的，衡量一座大楼好不好，不能光看它高不高、用的技术先不先进，还要考虑人在里面是不是方便和舒服，大楼的外观是不是美观。这种考虑问题的方式叫作"设计思维"，它和科学思维一样，都是我们解决问题时必不可少的。

科学实验 ❾ 大力筷子

我们知道不同的材料承重能力不同，但是你知道承重能力跟结构也有关吗？跟着下面的小实验一起来了解一下吧！

实验准备：
三根筷子、三个纸杯、一个玻璃杯

1. 把三个纸杯倒扣在桌子上，分别摆在正三角形的三个顶点上。
2. 将筷子两两交叉叠加架在纸杯上。
3. 把玻璃杯放到三根筷子的交叉处。
4. 发现玻璃杯居然稳稳地立在上面。

开动脑筋想一想
四根筷子是不是也可以搭成类似的结构呢？

实验原理：
三根筷子彼此交叉，每根筷子都将压力施加于另一根筷子，同时也承受着另一根筷子带来的压力。因此只要每根筷子不被折断，这个结构就不会散架。

科学实验 ⑩ 硬币承重桥

上面的实验验证了三角形结构比较稳定，承重能力比较强。你知道还有哪些结构的承重能力比较强吗？下面让我们做个实验来探究一下吧！

实验准备：
两个纸杯、一堆硬币、三张A4纸

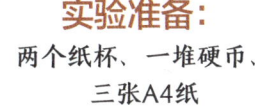

1. 把两个纸杯倒扣在桌子上，相隔10厘米左右。

2. 把一张A4纸剪成20厘米长、10厘米宽的长条，放在两个纸杯上，然后在纸条上放硬币，发现放了几枚硬币之后，纸条就塌了。

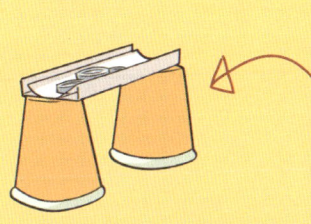

3. 把一张A4纸折成拱形，放在两个纸杯之间，然后在纸上放硬币，发现它能比纸条承载更多枚硬币。

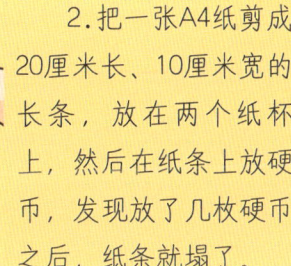

4. 把一张A4纸沿着竖中线反复对折，使之产生很多狭窄的褶皱，然后把纸张放在两个纸杯上，再放入硬币，这次你会发现，能放入更多的硬币，而且有褶皱的纸张不会向两个纸杯中间弯曲。

实验原理：

一张纸，沿着纸张的方向和垂直纸张的方向，承受力的能力不一样，沿着纸张方向受力能力强，不容易被压缩，但在垂直纸张的方向则很容易被压垮。所以如果能够改变纸张的形状和结构，让纸张的一部分立起来，使其承受的压力更多顺着纸张的方向，这样搭建的桥梁就能承受更大的力而不容易垮掉。

开动脑筋想一想

哪种桥梁的承重能力最强呢？

科学发现大公开 / 如何给雕像治病？

06

大桥竟然被风刮倒了

小朋友，你有没有听过一句俗语，叫"遇水搭桥"呢？这句俗语的意思是如果遇到了江河，阻碍前进，就要修建桥梁，克服困难。一座桥能给人带来很大的便利。要想修好大桥，负责建造桥梁的工程师们必须仔细设计，保证桥的坚固。可是，几十年前有一座大桥，用的是当时最先进的科技，却被一阵大风给吹倒了。这是怎么一回事呢？接下来，我带你了解一下吧！

塔科马海峡桥

在美国的华盛顿州，有一座城市叫作塔科马，这是一座港口城市，城市旁有一条海峡。住在海峡两岸的人想要到对面去很不方便，于是人们决定修建一座大桥，连接海峡两岸，人们只要开车就可以穿越海峡。

在塔科马海峡建桥很不容易。塔科马海峡很宽，大桥必须修得很长，如果修建一座普通的梁式桥，需要耗费大量的时间和物资。不过，工程师们早就想出了解决办法。原来，他们要修建的是一座悬索桥。

悬索桥在今天是一种常见的大桥，它有结实的承台，每一块承台上都会竖起高高的架子，就像是一座高塔，这种架子叫作"桥塔"。建造者会在桥塔之间挂上两条悬在空中的钢索，大桥靠钢索吊在空中，因此，这种大桥被命名为悬索桥。

为什么工程师要选择修建一座悬索桥来连接塔科马海峡两岸呢？因为悬索桥有许多优点。这种桥能横跨很远的距离，需要的支撑点特别少，塔科马海峡这么宽，悬索桥只需要两个桥塔，就能把两岸连在一起。支撑点减少了，船只想从桥底下通过，也更安全、更方便。而且，修建悬索桥所需要的钢铁和水泥也比一般大桥少得多，花费自然也减少了。

工程师设计出的塔科马海峡桥主跨长度为853米，是当时世界上第三大悬索桥。

可是，到了修桥的时候，工人却发现了一件怪事：只要一刮风，大桥就会轻微晃动，还会发出奇怪的声响。有人说，这座大桥一遇风就跳舞。桥梁工程师也发现了这个问

题，不过他们检查大桥之后，认为这是修桥时的正常现象，只要修好大桥就没事了。

塔科马海峡桥用了两年时间才修建完成，人们举行了通车仪式，庆祝新桥落成。但是，仪式当天就有人发现，大桥在风的吹动之下，有点儿晃晃悠悠的。

通车以后，这座桥的问题就更多了。如果你坐车过桥，会发现迎面开来的小汽车一跳一跳的。这可不是小汽车出了问题，而是桥面在风力的作用下微微起伏造成的。人们坐在车里甚至有一点儿坐船的感觉。

之前，工程师还以为大桥有一点儿晃动是正常现象，等看到大桥摇晃得这么剧烈，他们才意识到问题的严重性。大家赶紧开会讨论，看看该怎么加固大桥。可是还没等大家想出办法，大桥就出事了。

被风吹倒的大桥

有一天，海峡上刮起了大风，大桥剧烈地摇摆了起来。桥上的人见状立刻开车加速离开，还有人原本把车停在桥上看风景,感觉到大桥摇摆得这么剧烈,根本来不及开车,干脆把车扔在桥上,赶紧往岸上逃。

等人们都跑掉了,再回头一看,大桥的样子可太吓人了。本来是用钢铁和水泥建造的大桥,现在就像是左右摇摆的波浪,起起伏伏,还发出巨大的响声。大桥越摇越剧烈,直到最后,仿佛有两只看不见的大手,像掰饼干一样把大桥掰碎了。巨大的水泥块从桥面上掉落下来,落到下面的海峡里。从第一块水泥掉落算起,整座桥只用了几分钟就全部垮塌,坠落到了海里。

大桥变成了废墟,只有两块承台和桥塔孤零零地立在水里。唯一值得庆幸的是,这次事故没有造成人员伤亡。塔科马海峡桥从修好到垮塌,一共只过了4个多月。

塔科马海峡桥的事故引起了全美国的桥梁工程师和科学家的重视,人们都在思索,用最坚固的钢铁和水泥修建的大桥,为什么风一吹就倒了呢?经过研究,大家发现,这种桥在一般情况下确实很

坚固，但它有个缺点，就是怕风。如果设计不合理，风吹过桥面，就会形成特殊的气流。风小的时候，大桥只是轻微颤动；风一大，桥就容易剧烈摇摆。即便是坚固的钢铁、水泥，也禁不住这么摇摆。最终，一场大风就把塔科马海峡桥给摧毁了。

塔科马海峡桥的事故给全世界的桥梁工程师都上了一课，原来，没有做好防风处理，最先进的大桥也会被风吹倒。此后，人们开始改进修桥的方法，桥梁工程师设计出大桥之后，还要先做试验，试验没问题了，才能正式建造。

风洞试验

你可能要问了，修建大桥怎么做试验呢？难道要先修一座小桥试试看吗？当然不是，科学家和桥梁工程师想出了很多好方法来测试大桥的抗风能力。比如，有一种试验叫作"风洞实验"。人们会先制作一座大桥的模型，模型的形状和大桥一模一样，但是等比例缩小了很多。然后，把模型安装到一个风洞实验室里。

在风洞实验室里，科学家利用巨大的风扇人为制造出大风，观察大桥模型在大风中会发生什么变化。

利用这些试验，人们研究出了让悬索桥抗

风的办法。有的大桥会安装加固装置，有的会安装一种像不倒翁一样的装置。如果刮大风了，大桥摇摆起来，这

个不倒翁装置就朝相反的方向摇摆，抵消掉大桥的晃动。这样一来，人们再也不用担心一阵大风就能把大桥给摧毁了。今天，在原来塔科马海峡桥的附近，早就建起了新的大桥，这座大桥依然是一座悬索桥，不过新建的大桥已经设计了抗风装置。

　　我们国家也是建造悬索桥的大国。据统计，全世界跨度最长的100座悬索桥，将近一半都在中国，许多人都在出行中享受到了悬索桥的便利。

　　今天，人们精心设计的大桥都会考虑抗风问题，很多大桥不光能抵挡一般的风，就算是遇到台风也吹不坏。所以，设计建筑，除了考虑一般情况，还必须考虑到风暴、地震等特殊情况。怎么让建筑防灾，也是一门学问，值得我们去仔细研究。

科学实验 ⑪ 筷子桥

了解了悬索桥的建筑原理,我们知道桥可以用很少的材料承受很大的重量。跟着下面的小实验一起做一座桥来试试吧!

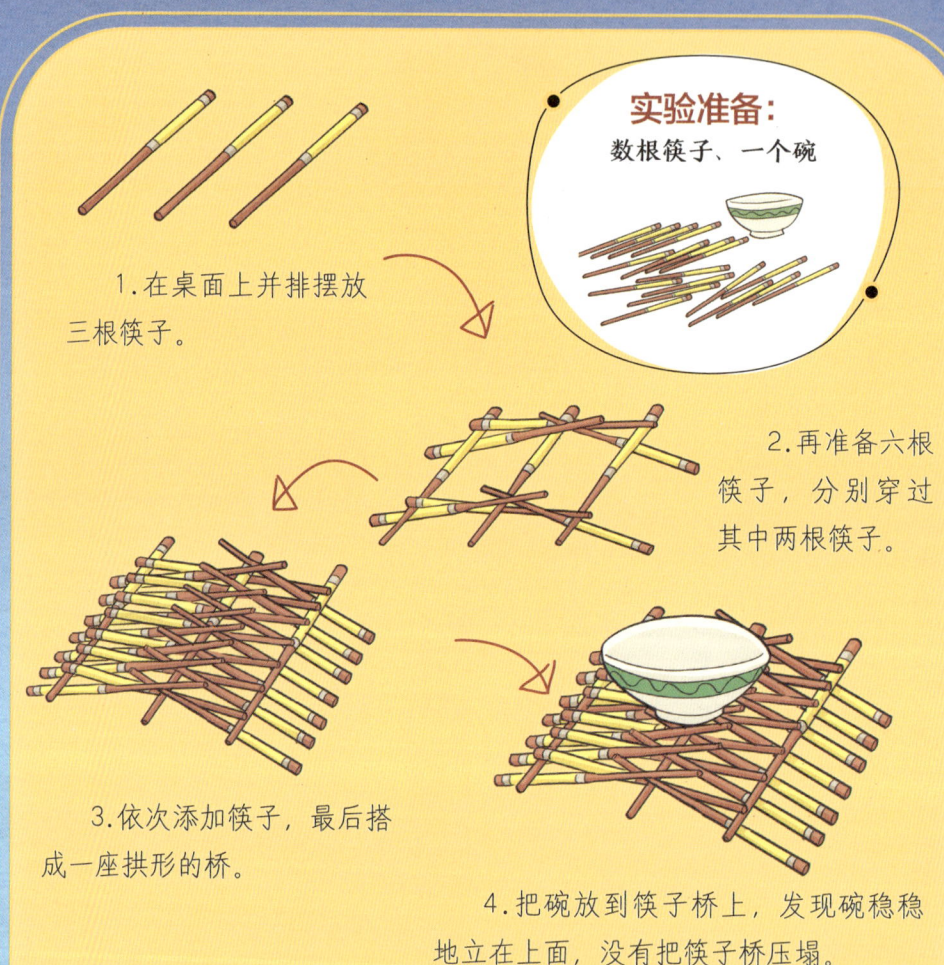

实验准备: 数根筷子、一个碗

1. 在桌面上并排摆放三根筷子。

2. 再准备六根筷子,分别穿过其中两根筷子。

3. 依次添加筷子,最后搭成一座拱形的桥。

4. 把碗放到筷子桥上,发现碗稳稳地立在上面,没有把筷子桥压塌。

开动脑筋想一想

你还知道哪些种类的桥梁呢?

实验原理:

筷子搭桥主要是巧妙地利用了力学原理,通过筷子间的相互穿插,能把所受的重力分解到每根筷子上,从而使整座桥梁非常扎实、稳当。不借用外力,通过筷子相互穿插,做成的拱桥就十分稳定。

科学实验 ⑫ 调皮的纸条

塔科马海峡桥的坍塌是由于风的作用，那么你知道风是怎么形成的吗？下面我们来做一个实验感受一下吧！

实验准备：
一大瓶矿泉水、一根蜡烛、一盘蚊香（带底座）、几张小纸条、一盒火柴、一把剪刀、一瓶胶水

1. 将蜡烛竖直立在桌面上，将大矿泉水瓶的底部剪掉，在距瓶底约5厘米的位置剪出一个小孔，然后罩在蜡烛上。

2. 在瓶口粘上一些小纸条。

3. 点燃蚊香，放在瓶外的小孔处（注意点燃的蚊香不能紧贴在瓶壁），观察蚊香烟的方向和瓶口处的纸条。

4. 先把矿泉水瓶拿开，点燃蜡烛，再把矿泉水瓶罩在蜡烛上，然后把蚊香放回小孔处，这次再观察一下蚊香烟的方向和瓶口处的纸条有什么变化。

实验原理：
点燃蜡烛后，蚊香烟会从小孔飘到瓶子里，瓶口处的纸条会调皮地摆动起来。这是因为瓶内的温度上升，空气受热膨胀变轻上升，而瓶子外面的温度低，冷空气补充进来，冷热空气不断流动，从而形成了风。

开动脑筋想一想

自然界的风都是怎么形成的？

科学发现大公开 / 如何给雕像治病？

美酒怎么变酸了？

小朋友，你是不是很讨厌生病？生了病不仅身体很不舒服，还要吃很苦的药。让我们生病的元凶是一些微生物，这些让我们生病的微生物是人类的敌人。不过，不是所有的微生物都是有害的，还有一类微生物对我们的日常生活有很大帮助，它们是人类的朋友。

酒变酸了

你可能听说过，法国是一个酿酒大国，特别是那里出产的葡萄酒，举世闻名。可是，100多年前，很多法国酿酒厂遇到了一个难题，连他们的酿酒大师也解决不了。是什么难题呢？原来当时人们酿的酒，不知道怎么回事，总是酿着酿着就变酸了，像醋一样，根本没法儿喝。

于是，酒厂老板便求助了一位科学家。这位科学家便是微生物学的奠基人——伟大的巴斯德。

巴斯德是一个特别务实的科学家，他不光在实验室里做

研究，还特别重视用科学知识来帮助法国的工业和农业生产。当酒厂老板来向他求助的时候，他立刻就答应帮忙了。

巴斯德收集了一些好酒和一些变酸的酒，用显微镜仔细观察。结果发现：不论是酿酒，还是酒变酸，都跟微生物有关系。

当时，人们已经知道，葡萄汁、粮食这些食物只要放在酒桶里，过一段时间就会变成酒，但这背后具体是什么原理，大家其实不怎么清楚。巴斯德通过研究发现，食物能变成酒，其实是微生物在帮忙。就拿葡萄酒来说，葡萄皮表面的白霜上有一种叫作酵母菌的微生物，葡萄被榨成汁时，微生物也随之来到了葡萄汁里。它们会分解葡萄汁里的糖分，产生酒精。所以，酿酒的过程离不开微生物。

可是，也不是所有微生物都是来帮忙的，把酒变酸的也是一群微生物。比如说，有一种微生物叫乳酸菌，它们会让食物产生有酸味的物质。如果让它们混到葡萄酒里，好好的美酒就要变成一桶酸水了。

科学发现大公开 / 如何给雕像治病?

现在,明白了酿酒的原理,又找出了让酒变酸的罪魁祸首,巴斯德就有办法了。他要求酿酒工人在操作的时候一定要避免污染,防止酒桶外的其他细菌进到酒里面去。在巴斯德的指导下,酿酒厂改进了工作方法,果然又重新酿出了不会变酸的美酒。

微生物从哪里来?

处理完酿酒厂的难题,巴斯德并没有止步于此,他开始进一步思考这些微生物是从哪里来的。当年人们还不清楚微生物是从哪里来的,有人说,微生物是自己冒出来的。一碗肉汤放上一段时间,里边就会长出微生物。

真的是这样吗?要想得出结论,还得做实验才行。巴斯德设计了一个实验,来看看微生物到底能不能"无中生有"。他制造了一种玻璃瓶子,叫作"鹅颈瓶",因为这种瓶子的瓶口很细,就像是天鹅的脖子一样。

这种瓶子有什么用呢?巴斯德先用一个普通的玻璃瓶,在里面放上肉汤,然后加热煮沸，杀死瓶子里的微生物。然后他再给玻璃瓶口加热，趁着瓶口被烧软，轻轻一拉，就做成了一个鹅颈瓶。这种瓶子的瓶口又细又弯曲，空气中的微生物很容易贴壁，就不容易进入到肉汤中，正好可以用来观察肉汤里会不会自己长出微生物来。

经过长时间的观察，巴斯德发现，鹅颈瓶中的肉汤放上很久也不会变质。但是一旦打碎鹅颈瓶的长脖子，让空气直接从瓶口进来，肉汤很快就会变质了。

这个实验说明，食物变质是微生物导致的，而且微生物并不是凭空出现的。空气里、水里、人的身上，到处都有微生物。食物暴露在空气中，接触到微生物，就会逐渐变质。

另外巴斯德还提出，可以通过杀死食物里的微生物，来延长食物的保存期限。他发现，只要给酒或者牛奶加热，杀死里面的微生物之后，酒和牛奶果然就不容易变酸、变坏了。

从那以后，人们都开始用这个办法，给各种食物加热杀菌，延长它们的保质期。今天超市里的牛奶，有一些的包装上写着巴氏奶，"巴氏"指的就是巴斯德。这种牛奶用了巴斯德发明的加热灭菌法来处理，在冰箱里能放一周左右，不容易变质，还能保留牛奶的香味。巴氏灭菌法是巴斯德为食品保鲜做的一大贡献。

除了保存食物，巴斯德在医学上也有贡献。他发现，许多疾病也是某种微生物引起的。巴斯德要求医生在做手术之前，一定要用能杀死细菌的药水洗手。如果有人受伤，也应该用药水清洗伤口。过去，病人做了手术，经常因为细菌感染而死，用了巴斯德的办法后，病人果然没那么容易感染了。

最后我们再来总结一下，哪些微生物是人类的敌人，可以用什么方法来对付它们。

比如说，有一些微生物会让食物变质，那就可以把食物煮熟，通过加热来杀死它们；还可以把食物密封在罐子里，隔绝微生物，我们平时吃的罐头就用了这个方法；另外，把食物晾干也是一种方法，因为微生物的生存需要水，环境如果太干燥，它们就活不下去；还有，人们会用糖或者盐来腌制蜜饯、咸菜之类的食物，这么做可不光是为了好吃，在高糖或高盐的环境里，大部分微生物也无法生存，腌制本身就是一种长期保存食物的办法。

除了让食物变质，还有一些微生物，会让人生病。面对这些微生物，人们就得主动出击，杀菌消毒。当年，巴斯

德发明了巴氏灭菌法和手术消毒的方法；后来，人们还发明了可以直接杀死微生物的药。这些办法，都可以帮助人们消灭对人类有害的微生物。

不过，微生物里也有许多人类的朋友，我们平时吃的很多食物，都要靠微生物帮助发酵才能生产出来。除了刚才说的酿酒，酿醋、做酸奶、做奶酪，都要利用微生物。而且，我们的身体里也有很多微生物，比如，肠道里的微生物就特别多。这些微生物不仅能帮助人体从食物中吸收营养，还能合成维生素等供我们利用。科学家发现，少了这些微生物朋友，人就会生病，根本没办法正常生活。所以，在防备敌人的时候，也一定不要忘了保护我们的朋友。

科学实验 ⑬ 鸡蛋壳去哪里了？

故事中的美酒变酸了，是一个让人头疼的问题，但是生活中醋酸其实有很多妙用。有哪些妙用呢？下面让我们一起来做个实验了解一下吧！

实验准备：
一个生鸡蛋、一瓶醋、一个碗

1. 把一个生鸡蛋放到碗里。

2. 往碗里倒醋，直至没过整个鸡蛋。

3. 静置几天。几天后，你发现了什么？

开动脑筋想一想
碗中为什么会出现小气泡？

实验原理：
蛋壳的主要成分是碳酸钙，它会和酸性的醋发生化学反应变成其他物质。所以蛋壳就会消失。

科学实验 ⑭ 神奇的紫甘蓝

小朋友，你知道怎么测试溶液是酸性还是碱性吗？其实我们平时吃的蔬菜中有一种就能用于制作酸碱指示剂，你知道是什么吗？下面就让我们做个实验来探究一下吧！

实验准备：
一棵紫甘蓝、一杯柠檬汁、一瓶醋、一瓶苏打水、一袋发酵粉、一杯肥皂水、一个滤网、五个纸杯、一个盆子

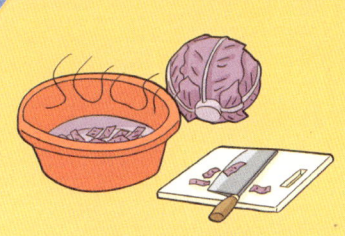

1. 撕下几片紫甘蓝的叶子，请家长帮忙切成细条，然后放入盆中，倒入热水，静置一个小时。

2. 用滤网把紫甘蓝捞出，然后把紫甘蓝汁分成五份，倒入五个纸杯中。

3. 在纸杯中分别加入醋、柠檬汁、苏打水、发酵粉和肥皂水，然后等待几分钟，观察一下溶液的颜色。

4. 原本是紫色的紫甘蓝汁加入醋和柠檬汁后变成了红色；加入苏打水、发酵粉和肥皂水之后变成了蓝色。

实验原理：
紫甘蓝汁可以用作酸碱指示剂。它加入酸性溶液后会变成红色，加入碱性溶液后会变成蓝色。

开动脑筋想一想
还有哪些植物可以用作酸碱指示剂呢？

如何给雕像治病?

小朋友,你见过家里的器具生锈吗?物品生锈,在日常生活中随处可见。小到家里的金属餐具,大到汽车、轮船,都有可能会生锈。金属表面生锈看似没什么大不了,就是难看了点儿。但是,生锈的危害远远不止这么简单。几十年前,有一座著名的雕像就因为生锈,差点儿发生危险,人们耗费巨资,才解决了这个问题。这是怎么一回事呢?

国家之间的礼物

100多年前,法国人为了向美国人表示友好,决定送给美国一件礼物。他们设计了一座巨大的雕像送给美国人民。这座雕像的名字大家一定不陌生,它就是著名的自由女神像。

自由女神像有40多米高,相当于一座十几层的大楼那么高。它的内部是钢铁制作的骨架,外边包裹着铜制皮肤。要建造这么大的雕像可不容易。工匠们先制作了雕像的头部和火炬,把这些部分先送到美国展出。之后,再慢慢地、一块一块地制作雕像的身体,用大船把这些零件运送到美国。美国人则在纽约附近的一座小岛上建造了一座雕像的底座。雕像零件运到以后，工人用起重机把它们组装起来，这才有了今天人们看到的自由女神像。组装自由女神像可是个大工程，耗费了10年时间，到了1886年10月，才最终完成。

自由女神像建成后，矗立在大海旁边，成了美国的象征，一站就是很多年。到了雕像建成快100周年的时候，人们就想举行一次庆典。可没想到，庆典还没开始准备，就有人发现这座雕像"生病"了。

一座雕像怎么会生病呢？自由女神像不仅"生病"了，"病"得还不轻。首先，它身体内部出现了问题。工程师发现，自由女神像内部的钢铁骨架已经严重生锈，很不结实了。每当刮大风的时候，雕像就会轻轻晃动，如果再不修理更换，就会发生危险。不光是内部，雕像的铜质皮肤也"病"了。将近100年来，灰尘、鸟粪等各种脏东西都堆积在雕像表面，越积越多，导致雕像皮肤表面发生了严重的生锈和腐蚀，有些地方甚至出现了大洞。如果不赶紧修理，这座雕像怕是过不好自己100岁的生日了。

给雕像治病

看到自由女神像危在旦夕，美国人立刻决定，要赶在它100岁生日之前，赶紧把它的"病"给治好。

这个任务可不容易，工人们要先搭建起巨大的脚手架，把雕像围在中间。然后，他们要把化学药剂一点儿一点儿地喷洒在雕像上。这些药剂能溶解脏东西和锈迹，但又不会损坏铜皮。但是，药剂对人体是有害的。工人们工作的时候，必须穿上全套的防化服，还要带上氧气罐，避免呼吸的时候吸入有害的药剂。

除了脏东西和锈迹，雕像表面有些地方已经破了大洞，维修团队又特意找到颜色相近的新铜皮，给雕像换上了新的皮肤。

不光外皮需要修复，雕像的骨架也损坏了不少。在过去将近100年的时间里，人们经常粉刷骨架，把破损的地方都挡

住了,乍一看意识不到问题有多严重。这一次,维修团队决定把整个骨架都换掉。新骨架用上了先进的合金材料,既坚固,又有一定的弹性,可以抵挡大风;还有用不锈钢做成的新零件,不容易生锈,又能起到保护作用。

这次维修从1982年开始,经过整整4年才完成,总算赶上了自由女神像建成100周年。1986年10月28日这一天,当时的美国总统为之举行了盛大的庆典活动。

科学发现大公开 / 如何给雕像治病？

生锈的烦恼

自由女神像的"病"总算是被工程师和工人们治好了，它的100岁生日也圆满落幕了。

其实自由女神像遇到的问题在日常生活中很常见，我们每天都会遇到，那就是金属生锈。很多金属只要暴露在空气中，就会跟空气里的水和气体发生化学反应，出现生锈的情况。生锈的金属会变脆、变软，甚至整个碎掉。巨大的自由女神像生了锈，也会变得非常脆弱。

为了解决生锈的问题，人们想了很多办法。你可以观察一下家里的金属用品，很多都涂上了特殊的防锈漆，还有一些铁制品必须仔细保护好，不能沾水，这些都是为了防锈。日常用品还好说，如果是桥梁、电线、铁塔或者船只生锈，很容易引发灾难。所以，人们要经常检查建筑物和交通工具，给它们涂上防锈漆，及时更换生锈的零件。

既然金属生锈会带来这么多麻烦，能不能用不锈钢替换掉那些容易生锈的金属呢？

答案是不行。不锈钢是用铁和其他几种金属混合在一起做成的一种混合金属材料，也就是合金。不锈钢的优点是不会生锈，可它还有一个缺点，那就是它非常坚硬。仔细观察家里的不锈钢餐具，你会发现，它们的形状一般比较简单，也没什么复杂的花纹。这是因为不锈钢太硬了，一般只能做成形状简单的物品，比如刀子、叉子、勺子之类的物体，想要用不锈钢做一个雕像就非常困难了。花费也会比较大，因此人们最终还是选择用会生锈的铜来修补女神的衣服和皮肤。

生锈是一种自然现象，到目前为止，人们还没能彻底解决这个问题。不过，工程师对付生锈也不是一点儿办法都没有，今天人们已经发明出了防锈漆，还发明了处理金属表面的特殊工艺，可以给金属涂上保护层。这些方法都能有效地减少生锈。

科学实验 ⑮ 铁钉生锈了

我们生活中的很多物品都是金属制品,生锈的情况也很常见。下面让我们一起来做个实验,观察一下生锈的现象吧!

实验准备:
三根铁钉、三支试管、一桶食用油、一瓶白醋、一壶开水、一个水杯

1. 将三根铁钉用白醋浸泡后擦干,分别放入三支试管中。

2. 向第一支试管中加入少量开水;向第二支试管中加入开水浸没铁钉;向第三支试管中加入植物油浸没铁钉。

3. 放置三天后,观察一下每根铁钉有什么变化?

开动脑筋想一想

铁锈和铜锈的颜色一样吗?

实验原理:

铁钉生锈需要空气和水。第一支试管中的铁钉接触到了空气和水,所以生锈了;第二支试管中的铁钉完全浸入开水中,空中的氧气慢慢进入水中后,铁钉才会逐渐生锈;浸入油中的铁钉接触不到空气和水,所以没有生锈。

科学实验 ⑯ 柠檬汁的魔法

我们知道金属制品生锈会带来很多危害,那么如何给金属制品除锈呢?下面让我们一起做个实验来探究一下吧!

实验准备:
几颗柠檬、一枚生锈的5角硬币、一个杯子

1. 向玻璃杯中挤入柠檬汁。

2. 把生锈的5角硬币放到玻璃杯中,静置十分钟。

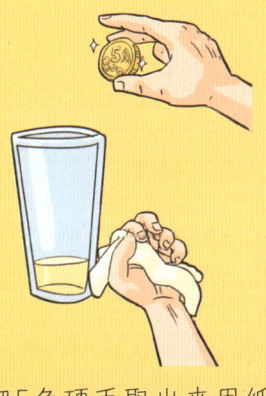

3. 把5角硬币取出来用纸巾擦干,有没有感觉硬币焕然一新?

实验原理:

柠檬中含有酸性物质,可以与铜绿发生化学反应,使铜绿溶解消失。做完这两个实验,你是不是觉得化学反应很神奇,既可以让金属生锈,也可以让锈迹消失。这就是科学的神奇之处哟!

小贴士 如果硬币上的锈迹较多的话,可以多静置一段时间。

开动脑筋想一想

还有哪些金属容易生锈呢?

附 录

表1 文章对应的知识点

核心概念	对应文章标题	学习内容
电	画家发明了电报机?	无线电的发明和发展
运动和力	汽车的速度超过了飞机?	汽车速度的不断突破
沉和浮	如何让钢铁浮在海上?	浮力
热	什么问题终结了航天飞机?	哥伦比亚号事故原因
形状与结构	摩天大楼的秘密	摩天大楼的诞生与发展
形状与结构	大桥竟然被风刮倒了	悬索桥
物质的变化	美酒怎么变酸了?	微生物的好与坏
物质的变化	如何给雕像治病?	金属生锈的危害和防止生锈的方法

表2 实验对应的知识点

实验	对应知识点
科学实验1 柠檬电池	电池
科学实验2 被吸引的水流	静电能吸引微小物质
科学实验3 喷气小汽车	作用力和反作用力
科学实验4 "跳水"的橘子	惯性
科学实验5 漂浮的橡皮泥	排水量
科学实验6 漂浮的小瓶子	浮力
科学实验7 自制火箭	作用力和反作用力
科学实验8 空气的威力	空气受热膨胀
科学实验9 大力筷子	稳定结构
科学实验10 硬币承重桥	不同形状的承重效果
科学实验11 筷子桥	什么样的力最稳定
科学实验12 调皮的纸条	风的形成原因
科学实验13 鸡蛋壳去哪里了?	碳酸钙和醋发生反应
科学实验14 神奇的紫甘蓝	酸碱指示剂
科学实验15 铁钉生锈了	铁钉生锈的原因
科学实验16 柠檬汁的魔法	除锈的原理